सूने पिंजड़े की चहचहाहट

(बुज़ुर्गों के उठते-गिरते मनोभावों की एक काव्यात्मक ईसीजी)

सूने पिंजड़े की चहचहाहट

(बुज़ुर्गों के उठते-गिरते मनोभावों की एक काव्यात्मक ईसीजी)

पद्मश्री (डॉ.) रवीन्द्र राजहंस

वाणी प्रकाशन

वाणी प्रकाशन

4695, 21-ए, दरियागंज, नयी दिल्ली 110 002

शाखा

अशोक राजपथ, पटना 800 004

फ़ोन : +91 11 23273167 फ़ैक्स : +91 11 23275710

www.vaniprakashan.in
vaniprakashan@gmail.com
sales@vaniprakashan.in

SOONE PINJRE KI CHAHCHAHAHAT
by Padmashri (Dr.) Ravindra Rajhans

ISBN : 978-93-87648-16-6
Collection of Poems

प्रथम संस्करण

मूल्य : ₹ 175

सिटी प्रेस, दिल्ली-110 095 में मुद्रित

वाणी प्रकाशन का लोगो मक़बूल फ़िदा हुसेन की कूची से

बुज़ुर्ग पाठकों को समर्पित

मैंने श्री रवीन्द्र राजहंस की पुस्तक 'सूने पिंजड़े की चहचहाहट' की प्रति देखी। यह कवि की वार्द्धक्य–जनित भावनाओं के उद्‌गार हैं, जो कुछ सुविचारित पंक्तियों में व्यक्त हुए हैं। राजहंस जी मुख्यतः हास्य–व्यंग्य के कवि हैं और इस रूप में व्यापक रूप से जाने जाते हैं। पर यह संग्रह थोड़ा भिन्न है। यहाँ उनका काव्य–मन ज़्यादा गम्भीर रूप से दिखाई पड़ता है। यह वार्द्धक्य हँसता नहीं बोलता है और धीमे–धीमे बोलता है–लगभग एक थके हुए पक्षी की तरह। यह बोलना सुनकर अच्छा लगता है, जैसे कोई कान में कुछ कह रहा है। कवि को इस रूप में देखा और प्रभावित हुआ।

यहाँ अधिक बोलना इस कृति के प्रभाव को तोड़ता है, जो मैं नहीं चाहता। इसलिए उसे बचाये रखना चाहूँगा। यह मैं रचनाकार के रूप में नहीं, पाठक के रूप में कह रहा हूँ और उनकी भावनाओं के साथ एकता का अनुभव करता हूँ।

इस कृति के लिए कवि को बधाई।

केदारनाथ सिंह
(हिन्दी के प्रख्यात कवि)

भूमिका

वृद्धजनों की मानसिकता पर एक पूरा काव्य–संकलन समर्पित होना चाहिए। ऐसा विचार मन में बार–बार कौंधता रहा था पिछले दिनों। उसी का परिणाम है मेरा यह नया संकलन। जिस देश में वृद्धजनों की तुलना देवता से की गयी हो, वहाँ अब वे सामान्यतः उपेक्षा और तिरस्कार के शिकार हो रहे हैं। यह घोर चिन्ता की बात है। इसी पर ध्यान केन्द्रित रखते हुए मैंने बुज़ुर्गों के उठते–गिरते मनोभावों का एक काव्यात्मक ईसीजी प्रस्तुत करने का प्रयास किया है और इस क्रम में मैंने समकालीन कविता में ग़ायब होती लय और तुक की वापसी का भी आवश्यकतानुसार यथोचित प्रयोग करने का दुस्साहस किया ताकि कविताओं और बुढ़ापे में लय–तुक बना रहे। वृद्धों की दिनोंदिन बढ़ती उपेक्षा एक गम्भीर सांस्कृतिक संकट का संकेत है जिस पर समकालीन रचनाकारों का ध्यान जाना चाहिए। जो कभी प्रातःस्मरणीय थे, आज क्रमशः दयनीय होते जा रहे हैं। बिहार के आरा से प्रकाशित 'जनपथ' जैसी लघु पत्रिका ने अपने दो विशेषांकों के द्वारा इस मार्मिक प्रसंग पर पाठकों का ध्यान आकर्षित किया है। अन्य कई लघु पत्रिकाओं में भी ऐसे प्रयास हुए हैं। पर वृद्धों के प्रति संवेदना और सहानुभूति जगाने के लिए कोई सम्पूर्ण काव्य–संकलन आया हो इसकी मुझे अभी तक कोई जानकारी नहीं मिली। यदि हो तो इस संकलन को उसकी अगली कड़ी जाना जाये।

वृद्धों की उपेक्षा के पीछे कई कारण हैं। पूँजीवाद, बाज़ारवाद, उपभोक्तावाद से संक्रमित आज का समाज दिन–प्रतिदिन संवेदनशून्य बनता जा रहा है और बुज़ुर्गों की सामाजिक स्थिति दिन–प्रतिदिन दयनीय होती जा रही है।

अपने कैरियर की बढ़ोतरी के लिए परिवार तेज़ी से बिखर रहे हैं–लोग एक–दूसरे से कट रहे हैं। व्यक्ति वस्तु में बदलने लगे हैं। जब तक कोई

वस्तु उपयोगी है, तब तक उसका कोई सामाजिक मूल्य है अन्यथा नहीं। पारिवारिक बनावट और बुनावट तेज़ी से बदल रहे हैं।

वृद्ध जो कभी श्रद्धा के पात्र थे अब उपेक्षा के पात्र बनते जा रहे हैं। नतीजतन उनकी उपस्थिति घर–घर में तनाव उत्पन्न कर रही है। अधिकतर वृद्ध जन हताशा, निराशा और भग्नाशा के शिकार होते जा रहे हैं। वैसे अभी भी कुछ घरों में वृद्धजनों के प्रति थोड़ा लिहाज़ शेष है।

जीवन–सन्ध्या में अपनी शारीरिक एवं मनोवैज्ञानिक उलझनों में फँसे वृद्धजनों की विभिन्न मनःस्थितियों को रेखांकित करने का जो मैंने प्रयास किया है, वह शायद वृद्धजनों के प्रति युवा पीढ़ी के मन के तारों को कुछ झंकृत कर सके। इसी कामना के साथ सौंप रहा हूँ यह संकलन आपके हाथ। प्रकाशन में सहयोग के लिए मैं कवि मेहता नागेन्द्र का आभारी हूँ।

–रवीन्द्र राजहंस

अनुक्रम

सूने पिंजड़े की चहचहाहट

फुर्र...

फुर्र...

फुर्र...

फुर्र...

एक के बाद एक
पिंजड़े के सभी पंछी गये उड़
सबने छू लिया
अपने–अपने हिस्से का आसमान
और पिंजड़ा हो गया
अन्ततः पूरी तरह सुनसान
दाना चुगने वाली कटोरियों में
बची रह गयी है उनके नरम–नरम रोओं की गरमाहट
सटी रह गयी है उनमें चोंचों की टकराहट
पंखों की फड़फड़ाहट
यदि हों आपके पास संवेदनशील कान
तो आप सुन सकते हैं श्रीमान्
ऐसे सूने पिंजड़े की
निःशब्द चहचहाहट!

पतझड़

जब मन के आँगन में
सूखी स्मृतियों के पत्ते इधर–उधर
उड़–उड़कर
करने लगें जब खड़–खड़
तो समझ लें जीवन की बगिया में
उतर रहा है पतझड़,
खँडहर होते मन की दीवाल से
जब झड़ने लगे पलस्तर भर–भर
तो समझ लें
जीवन में उतर रहा है पतझड़।

बासी अख़बार

जीवन–सन्ध्या में
हम सब बन जाते हैं बासी अख़बार
जिन्हें रहता है बस
रद्दी ख़रीदने वालों का इन्तज़ार
आख़िर कौन पढ़ेगा हमें और कितनी बार
ऐसे में हमारी अन्तिम इच्छा यही होती है
किसी तरह पहुँच जाते कोई कबाड़ी बाज़ार
जहाँ हो जाता उद्धार।

ढकढोल[1] स्वेटर

और अन्त में हम सभी बन जाते हैं
उस ढकढोल स्वेटर के समान
जिसको समय के चूहे ने कर डाला है
जहाँ–तहाँ से कुतर,
जिसमें कभी प्यार से डाले गये फन्दे
वे जहाँ–तहाँ से हो गये हों उतर
और जिसके सारे पैटर्न गये हों उघड़।

1. ढीला–ढाला।

कौवे की जीभ

कभी सोचा है आपने
उनके बारे में
जिनके हाथ–पाँव लगे हों काँपने
और जिन्हें इंगित कर
कोई कहता हो
इस बुड्ढे ने ज़रूर खा ली होगी कभी
कौव की जीभ,
ज़रा सोचिए तो
उन्हें ऐसी टिप्पणी कैसी लगती होगी अजीब
कल्पना कीजिए
कि बूढ़े निरामिष श्री जैन
ऐसी टिप्पणी सुन
कितने हो जाते होंगे बेचैन।

झुर्रियाँ

बुज़ुर्गों के ललाट और गाल पर बने झुर्रियों के जाल
दरअसल होती हैं ये उनकी पीड़ाओं की पाण्डुलिपि
जिनके पीछे होती है उनकी अन्तर्वेदना छिपी,
ये लकीरें हैं वे पगडण्डियाँ
जिनसे गुज़रे होते हैं उनके ग़म के कारवां
चेहरे पर पड़ी ये आड़ी–तिरछी रेखाएँ
होती हैं बुढ़ापे की ईसीजी
कुछ समझे जी!

औसत–आयु में विस्तार

औसत आयु में विस्तार का समाचार
तीसरी दुनिया के लोगों में नहीं करता
प्रसन्नता का संचार,
जो होते हैं पैसों से लाचार
उनकी दृष्टि में
ऐसे सारे चिकित्सा–वैज्ञानिक हैं
ग़रीब रोगियों के प्रति गद्दार
जो जुटे हैं करने के लिए
औसत आयु का विस्तार
एक बूढ़े के मुँह से तो यहाँ तक निकल पड़ा
भाड़ में जायें ऐसे आविष्कार
जो आम आदमी की ज़िन्दगी को
बना डालते हैं पहाड़!

श्वासों का आवागमन

बहुत सारे वृद्धजन
नहीं जानते हैं कि वे
अब क्यों खींच रहे हैं हवा से और ऑक्सीजन
और क्यों छोड़े जा रहे हैं हवा में कुछ और कार्बन
आखिर क्या है ऐसे श्वसन का क्या है प्रयोजन
क्या मात्र श्वासों का आवागमन ही होता जीवन
सोचते रहते हैं
बिस्तर पर पड़े–पड़े वृद्धजन।

घर–अस्पताल

क्या करेंगे जानकर वैसे घरों का हाल
जो वयोवृद्धों की उपस्थिति से
बन जाते अस्पताल
जहाँ हर बुज़ुर्ग सदस्य को होता है
कोई–न–कोई रोग
अम्मा को दम्मा
पापा को पार्किन्सन
दादी जी का दिमाग़ हरदम करता है सनसन
दादा जी के कान में होता रहता है हरदम
कुछ भन–भन
जहाँ सबका और जीने से
उचट गया हो मन
हाय रे! जीवन का चौथापन
जब बिस्तर के पास
खड़ा हो ऑक्सीजन सिलिण्डर
नाक से सटी हो नेबुलाइज़र
तो फिर कोई घर क्या घर
वह तो पूरा बन जाता है अस्पताल।

बुज़ुर्गों का मनोरंजन

कभी–कभी सोचता हूँ
यदि घरों में
जब बुज़ुर्गों के पास न होते होंगे
मोबाइल और टेलीविज़न
तो कैसे बहलता उनका मन,
क्योंकि आजकल की आपाधापी में
कितना मुश्किल है हरदम पास मिलना स्वजन–परिजन
जो कर सकें उनका मनोरंजन
आख़िर कितना करेंगे लाचार बुज़ुर्ग
बिस्तर पर पड़े–पड़े हरि–भजन।

प्यार की भूख

बुज़ुर्गों को कई–कई दिन हो जाते
किसी से भरपेट गपियाये हुए,
सभी पास से निकल जाते हैं
हैलो–हाय करते हुए
सबको लगी रहती है भागमभाग
भला किसके पास है इतना समय
कि वह सुने बुज़ुर्गों का खटराग।

एक बलिदान

नर्सिंग होम के बिस्तर पर
एक बूढ़ी बीमार महिला
अपने तकिये के नीचे एक पुर्ज़ा छोड़ भाग गयी
जिस पर लिखा था
अपने श्रवण कुमार के लिए एक सन्देश
अब नर्सिंग होम के बिल का भुगतान
नहीं रहा तुम्हारे लिए आसान,
इसलिए मैं स्वेच्छा से जा रही हूँ श्मशान
यही होगी मेरी ओर से
पोती के विवाह का प्रावधान।
हरदम लगा रहता है जो मुझे
उसकी शादी का ध्यान
जीते–जी नहीं पूरा कर पाऊँगी।
अपने मन का अरमान।

मकड़जाल

शुरू–शुरू में हम सभी होते हैं दोपाये
अर्थात् इनसान,
फिर विवाहोपरान्त सभी बन जाते हैं चौपाये
अर्थात् जानवर,
फिर बाल–बच्चे होने पर
बन जाते छहपाये
अर्थात् मधुमक्खी
जो अपने छत्ते के लिए
जुटाते रहते पराग
बागों में भाग–भाग
और अन्त में हम बन जाते अठपाये
अर्थात् मकड़े
और अपने ही द्वारा निर्मित जाल में
जाते हैं बुरी तरह जकड़े!

आज के दशरथ

दर्पण में निहारकर अपना पहला सफ़ेद बाल
आज के दशरथ नहीं होते बेहाल
तुरन्त अपने महामन्त्री को बुलाकर
दागते हैं यह सवाल–
ज़रा अयोध्या के बाज़ार में जाकर पता लगाओ
कि कहाँ मिलता है सबसे अच्छा
बाल रंगने वाला है माल
नहीं समझे भाई!
अरे वही जिसे आजकल
कहा जाता है हेयरडाई
फिर गुनगुनाये–
रघुकुल रीति सदा चली आई
प्राण जाये पर गद्दी न जाई।

दुर साला

अपने बूढ़े चरित्रवान पिता से खीजे
एक पुत्र ने कहा–
अब आपका उदात्त चरित्र
और नहीं जाता सहा
काश! आप हुए होते माफिया डॉन
तो हम भी बघारते आपकी शान
शर्म से झुक जाता है हमारा माथा
जब हम सुनते अपने मित्रों के डॉन डैडियों के
काले–कारनामों की गौरव–गाथा
कि अमुक के पापा महान पापी हैं
और एक आप हैं
जो सत्य हरिश्चन्द्र की कार्बन कॉपी हैं
न कोई भ्रष्ट राजनेता पाल सके
न किसी भ्रष्ट पदाधिकारी के सामने
चुग्गे डाल सके,
न मुँह से धारा–प्रवाह गालियाँ निकाल सके,
वैसे कहना तो नहीं चाहिए
पर मुँह से कभी–कभी निकल ही जाता है
दुर साला!
कैसे पुण्यात्मा पिता से पड़ गया
इस जनम में पाला।
हमें अब और नहीं ओढ़ना है
आपके फटे–चिटे आदर्शों का दुशाला।

दीवाल घड़ी

बुढ़ापा होती है
समय की दीवाल पर पड़ी वैसी घड़ी
जिसकी सुस्त पड़ गयी हो बैटरी
जो ठहरा हुआ समय
दिखाती रहती है हर घड़ी।
अलबम में पड़े
फ़ोटो के समान।

कटे खेत

बुढ़ापे में हम सभी बन जाते हैं
कटे खेत के बिजूके
जिसे हवा भी नहीं गुज़रना चाहती छूके
चिरई–चुनमुन तक हो जाते जिसे देखकर भयभीत
मज़दूरिनें भूल जातीं मेंड़ों पर बैठकर गाना
अपने लोकगीत।

चिर–प्रतीक्षा

जब–जब दरवाज़े के बाहर
कोई होती है खटर–पटर
तो बूढ़े माँ–बाप को लगता है
कि रुकी कोई कार उनके द्वार
अथवा कोई स्कूटर
जिससे उनका कोई बाल–बच्चा
उन्हीं से मिलने के लिए
रहा होगा उतर
जब–जब बजती है
दरवाज़े की बिजली घंटी
तो उन्हें लगता है
कि उन्हीं से मिलने आया होगा ज़रूर
उनका प्यार बण्टी।

सस्ता रात्रि पहरेदार

गिड़गिड़ाते हैं बाबा
मुझे वृद्धाश्रम में न भसाओ
मुझे अपने ही बनाये भवन के
गैरेज के किसी कोने में पड़ा रहने दो
घिसे टायरों की शैया पर
तुम लोगों को किसी प्रकार का कष्ट नहीं दूँगा
मैं रात–रात भर खाँस–खाँसकर
चोर–उचक्कों को भगाता रहूँगा
पहरा देकर
बरख़ुरदार! तुम्हें कहाँ मिलेगा
मुझ जैसा सस्ता रात्रि पहरेदार!

धूपबत्ती वाली सास

आज की कुछ बहुओं की पहली पसन्द होती है
धूपबत्ती वाली दिवंगता सास
जिनके फ़ोटो पर पड़ी हों
चन्दन की सूखी माला और कुछ सूखे फूल आसपास
वे सोचती हैं कि जब वे डोली से उतरें
तो सासु जी के चित्र पर
फिराना पड़े धूपबत्ती पकड़े हाथ
अपने पति के साथ–साथ
उन्हें नहीं चाहिए
बिस्तर पकड़े कोई बूढ़ी सास
जिसकी उपस्थिति से
पति का घर हरदम लगता हो
हर पल, भारी–भारी, उदास।

पारिवारिक अलबम

बाबा! जिन्हें आजकल सूझने लगा है कम
ड्राइंगरूम में आये हर नवागन्तुक को
दिखाने बैठ जाते हैं अपना पुराना पारिवारिक अलबम
थरथराती उँगलियों से बच्चों को
पहचनवाने का शुरू कर देते हैं कार्यक्रम
कहते हैं बाबा—यह जो बीच में बैठा है
मेरा बड़ा बेटा है
यही कोई बीस वर्षों से
विष्णु भगवान की तरह लक्ष्मी समेत
डॉलरों की शैया पर अमेरिका में कहीं लेटा है
आगे खिसकती हैं उँगलियाँ
यह मझला है—बताते हैं बाबा
यही कोई दस वर्षों से
बसता है अदिसअबाबा
और यह जो किनारे पर बैठा है
सबसे छोटा है,
जो उन दोनों की तुलना में हर दृष्टि से खोटा है
पर यही हमारे बुढ़ापे का सोंटा है
अब यही देता है हमें प्यार—दुलार
घसीटता है अपना परिवार
इसी की पूँछ पकड़े करना है
हमें वैतरणी पार,
वैसे मुझे पूरी उम्मीद है कि

मेरे दोनों अप्रवासी सुपुत्र
मेरी मृत्यु पर अवश्य आयेंगे सपरिवार
क्योंकि थोड़ा–बहुत अब भी बचा जो रह गया है
उनके भीतर
हमारा भारतीय संस्कार।
और वे मेरा अन्तिम–दर्शन करेंगे
मुर्दाघर में मुड़कर
और फिर फुर्र हो जाएँगे।
हवाई जहाज़ में उड़कर।

क्या भूलूँ, क्या याद करूँ

समझ नहीं आता
कि क्या भूलूँ, क्या याद करूँ
याद कर अपनी असफलताएँ
हर क्षण घुट–घुटकर मरूँ
आप ही बताएँ
जीवन के इस पड़ाव पर मैं क्या करूँ
किसी के जीवन का हर पल
भला कहाँ बहता है हरदम
कल–कल, छल–छल, अविरल
और कहाँ रह पाती गंगा निर्मल
जब वह पहुँचती है समतल।

पूर्वज

जब ब्लाउज–जींस धारिणी भौजी के साथ गया ज़ू में एक बार
तो उन्हें निहार घुड़का एक बूढ़ा चिम्पैंजी
तो मैं चिल्लाया–अरी ओ भौजी!
अरी! जल्दी से काढ़ो अपना घूँघट काढ़ोजी
ये हमारी बाबूजी के बाबूजी के बाबूजी
ऐसा ही कुछ बता गये हैं
डार्विन जी।

बेड टी

अलग–अलग रहने वाले बूढ़े पति–पत्नी
कि फ़ोन पर लिया एक–दूसरे का हाल
सुबह–सुबह
एक बूढ़े ने अपनी बूढ़ी से किया सवाल
बेड टी पी?
मिटा ली खराई?[1]
हाँ जी, घर में
सबसे पहले चाय पीने के लिए
बहुरानी ने जमकर गरम–गरम डाँट पिलाई।
साझे माँ–बाप के बीच
सुबह–सुबह कुछ ऐसा ही हुआ
फ़ोन पर संक्षिप्त प्रेमालाप भाई।

1. भूखी प्यासी होने की स्थिति।

दूसरी पाली

जीवन–क्रिकेट में जो खेलना चाहें
दूसरी पाली
उन्हें न दें गाली,
बल्कि उनको खेलने दें जमकर दूसरी पाली,
कभी–कभी वे भी मार बैठते हैं
ऐसा चौका–छक्का
कि जिन्हें देखकर नौजवान खिलाड़ी भी
रह जाते हैं हक्का–बक्का।
बनाने दें
उन्हें भी बुढ़ापे में कुछ रन, दनादन!
ताकि उनका भी बहल जाये थोड़ा मन
बुढ़ापे के पिच पर

साँझ

माना कि ज़िन्दगी की साँझ हो गयी
पर इसका यह अर्थ कहाँ निकलता
कि बुढ़ापे में ज़िन्दगी
पूरी तरह बाँझ हो गयी,
चौथेपन में भी
बहुत कुछ करने को रह जाता शेष
करना है
करते जाइये बग़ैर पाले
मन में कोई द्वन्द्व अथवा क्लेश।

दन्त–चिकित्सक के क्लिनिक में

जब एक बूढ़ी महिला
एक दन्त–चिकित्सक के क्लिनिक में
दाँत दिखाने आयी
तो उसके चेहरे को देखते ही
बूढ़े दन्त–चिकित्सक को सहसा
कोई बात याद आयी
अरे! कहीं यह वही तो नहीं
जिसे पूरा डेण्टल कॉलेज
कहा करता था कभी मिस अनारदाना!
अरे! कितना जानमारू होता था
उसका उस समय मुस्कुराना, मोनोलिसाना
तब उन्हें क्या पता था
कि जीवन के किसी मोड़ पर
दोनों सहपाठियों को
ऐसे भी पड़ सकता है टकराना।

बुड्ढा–बुड्ढी

बुढ़ापे के व्याकरण में
जब बन जाते संज्ञा से सर्वनाम
केवल बुड्ढा–बुड्ढी
तो मान लें कि हम हार चुके
जवानी की कबड्डी
और हो चुके जवानों की दृष्टि में
पूरी तरह फिसड्डी,
हमारे जीवन में ऐसे भी आते हैं दिन
जब हमें देखकर
जवानों को लगने लगती है घिन।

रंगमंच

जीवन के रंगमंच पर
दुखान्तकी के बाद सुखान्तकी
सुखान्तकी के बाद दुखान्तकी का
चलता रहता है खेल
उठता–गिरता रहता है
सुख–दुख का पर्दा
बुढ़ापा तो है
महज़ बीच का मध्यान्तर
तनिक देर
सुस्ताने का सुअवसर।

आयकर विभाग का छापा

एक बूढ़े कवि के बेटे ने
बिलखते हुए उनसे पूछा–
पापा रे पापा!
अपने घर पर क्या कभी नहीं पड़ेगा
आयकर विभाग का छापा
आपके काव्य–संकलनों में भी तो
कितना कुछ छुपा हुआ है
शब्दालंकार, अर्थालंकार!
बूढ़े कवि ने उसकी बात सुनकर कहा
बुद्धू कहीं के, चुप कर
कहाँ हम
और कहाँ आयकर!
छोटा मुँह
बड़ी बात न किया कर।

रेत

जैसे चमकदार फ़र्नीचर से भी
एक दिन पीले दीमक लगते हैं झर
और उनकी पॉलिश जाती है उतर
वैसे ही अधिकांश बुज़ुर्गों का अन्ततः
हौसला जाता है उतर
उनके मन में भर जाते हैं अवसाद के
पाउडर
जब वे हो जाते हैं औरों पर
पूरी तरह निर्भर
शायद इसी अवस्था को देख
कोई कवि कह गया है
स्नेह निर्झर बह गया है
रेत–सा तन रह गया है।

बुढ़ापे से त्राण

ज़्यादातर बुढ़ापा होती है ऐसी चीज़
जिसे देखकर नवयुवक सिद्धार्थ जैसे जीव का भी
मन गया था पसीज,
और भगे थे जंगल की ओर
ढूँढ़ने के लिए
इसका समाधान
और बोधगया में भी जाकर लगाया था ध्यान
पर उन्हें भी एक पकी आयु में
करना पड़ा महाप्रयाण
क्या वे दिला पाये हमें
बुढ़ापे से त्राण!

एक दलित शाहजहाँ

एक दलित शाहजहाँ ने
बीमार पत्नी के प्रेम में होकर पागल
निकाल डाला एक विकट समस्या का
मात्र एक छेनी और हथौड़े के सहारे हल
बना डाला था एक पहाड़ी–मार्ग का ताजमहल
गाँव से अस्पताल तक का
एक शॉर्टकट
वर्षों रात–दिन करते रहे खट–खट
ग़ज़ब था प्रेमी दशरथ माँझी का जीवट,
प्रेमियों के इतिहास में
ऐसी भी अनहोनी घटना
कभी–कभी जाती है घट।

एक बहत्तर साल का बीमार बुड्ढा

जब–जब आप हो जायें
बिल्कुल हताश
तब–तब याद करें जयप्रकाश
याद करें उस बीमार बूढ़े की सम्पूर्ण क्रान्ति का आह्वान
जिसे सुनकर तत्कालीन तानाशाह के भी
सूख गये थे प्राण!

एक अस्सी बरस का नौजवान

जब–जब आप लड़ते–लड़ते पस्त हो जायें
तो अस्सी साल के अमर सेनानी
बाबू कुँअर सिंह का करें ध्यान
जिन्होंने काट डाली थी अपनी घायल बाँह
ताकि वे अंग्रेज़ी सेना को करते रहें मरते दम तक तबाह।

प्यार की भूख

अब नहीं कोई फटकता मेरे आसपास
पड़ा रहता हूँ किसी भूले–बिसरे शहीद–स्मारक के समान उदास
जिसका वर्षों पहले बड़े धूमधाम से हुआ था शिलान्यास
बस यूँ ही गिनता रहता हूँ साँस
अकेले कोने में पड़ा–पड़ा उदास
सोचता रहता हूँ
काश! कोई आता अपने पास
छाँटता मन की जंगली घास
जो उग आयी है बुढ़ापे में आसपास।

परिजन

हमें नहीं चाहिए ईर्ष्या–द्वेष से भरे परिजन
जिनकी दृष्टि में मुझसे ज़्यादा आकर्षक हैं
हमारा पद, हमार धन, हमारा सामाजिक वज़न
जो हमेशा हमारे पास करते रहते हैं भन–भन,
जैसे हों हम पके आम या कटहल
क्योंकि वे स्वार्थवश ही करते हैं हमारी सेवा–टहल।

वृद्धाश्रम

जो बच्चे अपने बुज़ुर्गों को आजकल पहुँचा देते वृद्धाश्रम
वे ही हैं आज के श्रवण कुमार
क्योंकि उनमें अभी बची रह गयी है थोड़ी लाज–शरम
चूँकि वृद्धाश्रम में बुज़ुर्गों के आँसू पोंछने के लिए
उपलब्ध होते हैं पहले से स्वयं पहुँचे या पहुँचाये गये
कुछ हाथ प्यार से सहलाने के लिए उनके बाल।
कुछ मुँह
पूछने के लिए हाल–चाल।
कुछ हथेलियाँ
कुछ संगी–साथी कुछ सहेलियाँ।

आपद्धर्म

वैसे तो उनका पूरा परिवार था सनातनी
पर पिताजी का श्राद्ध आर्य समाजी–पद्धति से ही हो
इस मुद्दे पर कोई नहीं हुईं आपसी तनातनी
समस्या तो सचमुच विकट थी
पर सभी अप्रवासी बच्चों की पॉकेट में
वापसी हवाई–यात्रा की जो टिकट थी।

ऑनलाइन पिण्डदान

जब से शुरू हो गया है
बोध गया ऑनलाइन पिण्डदान
गद्‌गद हैं बोध गया के पुरोहित–पण्डे
पाकर पाउण्ड–डॉलर में फटाफट भुगतान
सबके मुँह से एक साथ निकल रहा है
जै हो यजमान।
चाहे जहाँ कहीं तुम रहो
वहीं है हमारे लिए हिन्दुस्तान।

पीठ पर न्यायालय

अब बुज़ुर्गों की आँखें
नहीं होनी चाहिए नम
क्योंकि अब न्यायालय जो उनकी पीठ पर खड़ा है
लेकर उनके भरण–पोषण का
नियम–अधिनियम।
जीओ अब शान के साथ
तुम्हारे सिर पर है न्यायालय का हाथ!

एटीएम

बुज़ुर्ग होते हैं
आशीर्वाद के एटीएम
इधर दबाये उनके पाँव के बटन
और उधर झरने लगते हैं
उनके मुँह से आशीर्वचन, खन–खन
जिन्हें समेटकर खिल उठता है
आपका मन।

बरगद की छाँव

पहले पूज कर गाँव का बूढ़ा बरगद
नयी–नवेली बहू–बेटियाँ
हो जाती थीं
अन्दर से गद्‌गद,
सदा मिलती रहे उनकी छाँव
यही चाहता था पूरा गाँव।

ठूँठ

परिवार के सीमान्त के पास
भुतहे ठूँठ की तरह
बुढ़ापे में माँ–बाप
मुरझाये–मुरझाये उदास
कि सुदूर देश से
साइबेरियाई पंछियों के समान
उड़कर आएँगे उनके बच्चे
और उनके अण्डे–बच्चे
कि उनकी मन की टहनियों पर
फिर से होगी चह–चह
फुनगियाँ करेंगी फिर से
सुगन्धियों से मह–मह
अँजुरि भर कलरव पीने के लिए
फिर से एक बार हरे–भरे होने के लिए।

अनुकम्पा पर नौकरी

एक रात
एक बेरोज़गार बेटे ने
मरणासन्न पिता से बुदबुदाकर कहा–
यदि आप मर जाते तो
हम सब जी जाते,
कम–से–कम
अनुकम्पा पर आपकी नौकरी तो पा जाते
लीजिए, यह रहा दूध पीजिए
थोड़ा हमारी हालत पर पसीजिए
यदि आपने ग्रहण कर लिया यह प्याला
तो आपके बाल–बच्चों के मुँह को
मिलता रहेगा निवाला।
माता जी की भी यही है राय
कि हम यह दूध आपको अवश्य पिलायें
सर्व–सम्मति यही है, परिवार में
कि अब आप शान्ति से ऊपर चले जायें
और हमें भुखमरी से बचायें।

विश्राम

बुढ़ापे में प्रेम से मिटाइए
अपनी थकान
जानवर भी तो दिन भर चरकर
शाम में लौट आते हैं अपने बथान
पंछी भी लौट आते हैं अपने मचान
सारा ज़ीवन हाँफते रहना
भला कोई अच्छी बात है।
रात–दिन हाँफते रहना
भला कोई अच्छी बात है
कभी नहीं होता आराम हराम
यही तो वह समय है
जब संघर्ष के मारे, हारे
लेते हैं हरिनाम।
इसलिए बुढ़ापे को
बेकार न करें बदनाम।

पेंशन वाला सप्ताह

एक पेंशनधारी ने कहा
कितना बढ़ जाता है उस पर
पूरे परिवार का ध्यान
कितना खोलकर बतायें श्रीमान्
मिलने लगती है
सुबह–शाम चाय–जलपान
सबसे पहले उन्हें ही उठाने दिया जाता है
सुबह का अख़बार।
पेंशन–प्राप्ति वाले सप्ताह में
अचानक बढ़ जाता है
घर में उनका स्वागत–सत्कार
उठने लगता है
सबके खारे मन में प्यार का ज्वार।

अशोक राजपथ पर प्रोस्टेट का एक मरीज़

ज़रा देखिए इस बुज़ुर्ग को
जो अभी–अभी पटना मेडिकल अस्पताल से
अभी बाहर आये
कमर की पेटी से पेशाब की बोतल लटकाये
दीन–हीन
पौरुष–ग्रन्थिविहीन
बढ़ रहे हैं
अशोक राजपथ से
घर का रास्ता नापते
हाँफते–हाँफते।
थर–थराते, काँपते।

बुढ़ापे का व्याकरण

जब हमारे वाक्यों में बार–बार आने लगे
'था', 'थी', 'थे'
तो मान लें हम बूढ़े हो गये
हमारे जीवन के व्याकरण से
'गा', 'गी', 'गे', सब ग़ायब हो गये
पूरी तरह ग़ायब हो गये।
और अब जल्द ही लगने वाला है
जीवन–वाक्य में पूर्ण विराम
चूँकि जीवन के आँगन में
उतर जो आयी है शाम।

मातमी धुन

अपने कलेजे पर हाथ धर
सुन भाई, सुन
अपनी ही शव–यात्रा में बजती
मातमी धुन
कर लें स्वीकार
कि हम सबका होना है एक–न–एक दिन
अन्तिम–संस्कार
इसलिए अपनी मृत्यु के सम्बन्ध में
बार–बार सोचना है बिल्कुल बेमानी औ' बेकार
जिसे हर बुज़ुर्ग को करना ही पड़ता है
हँरा–रोकर स्वीकार।

चिर–युवा

हमारे सारे देवी–देवता स्वयं रहते हैं हरदम चिर युवा
जैसे उन्हें समय ने कभी नहीं छुआ
पर हमारी गरदन पर
लाद रखा है बुढ़ापे का जुआ
जिसे हम ढोते रहते हैं
और जीवन के उत्तरार्ध में
मन–ही–मन रोते रहते हैं
हम जो चिर–युवा भगवानों के भक्त हैं
बासी पड़ जाने के लिए अभिशप्त हैं।
हे भगवान!
यह कैसा है तेरा प्रावधान।

श्रवण कुमार

पाश्चात्य देशों में की सरकार ही
होती ही है श्रवण कुमार
हरदम अपने बुज़ुर्गों को प्रशासन की बहँगी पर
ढोने के लिए तैयार,
कोई बुज़ुर्ग जैसे ही
पड़ जाता है अचानक बीमार
तो फौरन आकर लग जाती सरकारी एम्बुलेंस उसके द्वार
और उसके इलाज का सारा
ख़र्च उठा लेती है वहाँ की सरकार
यहाँ तक कि सेवा–शुश्रूषा का भी भार
सब जगह उन्हें सुलभ है सेवा–सत्कार
चाहे वह समुद्र–तट हो या पहाड़
दिख जाते हैं बूढ़े–बूढ़ी, हँसते–मुस्कुराते, हाथ हिलाते, मटकी मारते
व्हील–चेयर पर सवार।

शून्य से शून्य तक की यात्रा

जीवन के अन्त में जब करने बैठते हैं
पूरे जीवन का हिसाब–किताब
तो पाते हैं एक महा शून्य
क्योंकि जीवन भर
शून्य में शून्य जोड़ते रहे
शून्य से शून्य रहे घटाते।
शून्य से शून्य में भाग लगाते रहे
अन्त में हरदम शून्य पाते रहे
शून्य योगफल
शून्य गुणनफल
शून्य भागफल।
और हम रह जाते हैं यूँ ही हाथ मल।

हमें वृद्धाश्रम में मत डालो

वृद्धाश्रम वालों के हाथ हमें न सौंपों पप्पू
हम वहाँ जब बिन पानी की मछली की तरह
बहुत छटपटायेंगे
हमें परिवार के बीच
जीने–मरने की जो आदत है
बस पड़े रहने दो हमें घर के किसी कोने में
परिवार के दोने में
हम भरपेट दिया करेंगे आशीर्वाद
भले ही तुम हमें भूलो
या करो कभी–कभी याद
हम चाहे जितना हो जायें बदहाल
और पामाल
पर हमारे मुँह से हमेशा निकलता ही रहेगा
जुग–जुग जीयो हमारे लाल।

चिड़ा–चिड़ी

जब तक पिंजड़े में दोनों होते हैं
चिड़ा–चिड़ी
किसी को उड़ने की नहीं होती कोई हड़बड़ी
पर होते ही एकाकी
बदल जाती है
उनके जीवन की झाँकी
शुरू हो जाती
हर प्रकार की गड़बड़ी।

सान्ध्य–दीप

आओ! हम सान्ध्य–दीप जलायें
जीवन में पसरते अँधियारे को मार भगायें
एक बार फिर ज़ोर से जगमगायें,
आयें, हम अपने सम्पूर्ण जीवन को
एक छठ–पर्व की तरह मनायें
डूबते हुए सूर्य देवता को भी अर्घ्य चढ़ायें
और हताश–निराश बुज़ुर्गों की तरह
दुखी होकर न बुदबुदायें।
यदि पके जीवन के कटहल का कोआ खा चुके
तो उसके अन्दर की गुठली को भी
प्रेम–पूर्वक चबायें।

तेज़ी से बुढ़ा रही है धरती

तेज़ी से बुढ़ा रही है दुनिया
पर प्यारे अभी भी जवान दिखते हैं
सूरज–चाँद–सितारे
हिमालय की चोटियाँ
अभी भी दूर से चमकती हैं
और उससे निकलने वाली नदियाँ
अभी भी तलहटी के आँगन में
वैसे ही फुदकती हैं,
काश! हम इन प्राकृतिक घटनाओं से
लेते कुछ सीख
और अन्तःसलिला की तरह
भीतर–ही–भीतर बहते रहते
कल–कल, छल–छल
और कभी नहीं गिरता हमारा मनोबल।

अलविदा

आज हम जिन–जिन चीज़ों पर हैं फ़िदा
कल हँसते हुए उन्हें कर देंगे अलविदा
ना रखें हम किसी चीज़ के प्रति
आवश्यकता से अधिक लगाव
आज यहाँ, कल वहाँ
जीवन में आते रहते हैं धूप–छाँव
रह–रहकर नये–नये पड़ाव
ढलान पर सूरज को देख
कभी नहीं पालना है हताशा का भाव
कभी नाव पर गाड़ी
कभी गाड़ी पर नाव
जिन्होंने देखी है धूप
उन्हें भी देखनी पड़ती है छाँव।

तृतीय श्रेणी वाली रेल–शायिका के समान

कभी–कभी सोचता हूँ श्रीमान
कि हमारे परिवार
क्या नहीं बन सकते
तृतीय श्रेणी रेल–शयनयान के समान
जिसमें स्नेह की सीढ़ी के सहारे
उतरना–चढ़ना रहता है आसान
सबसे ऊपर तीसरी पीढ़ी
बीच में दूसरी पीढ़ी
और बुज़ुर्गों के लिए सुरक्षित होता है
निचली पीढ़ी का आरामदेह पायदान
और चलता रहे पूरी जीवन–यात्रा में
सटी स्नेह की सीढ़ी के सहारे
आपस में आदान–प्रदान।

रिटायर

रिटायर होने के पश्चात्
फिर से लगा लूँगा
अपनी जीवन–गाड़ी के घिसे पहियों में टायर
और फिर से
निकल पड़ूँगा
नयी दिशाओं में सर–सराकर
नहीं बैठूँगा
गैरेज के किसी कोने में
किसी बैठी हुई गाड़ी के बग़ल में
मुँह बनाकर।

गाँधीजी

ज़रा याद कीजिए
उस बूढ़े गाँधीजी की क़द–काठी
उनके हाथ की वह अहिंसक लाठी
लन्दन में आयोजित सम्मेलन में आयोजित
गोलमेज सम्मेलन में उनसे मिल
विंस्टन चर्चिल भी गये थे
अन्दर से हिल
असली चीज़ है अदम्य साहस
और हौसले से भरा दिल।

बूढ़ा–बूढ़ी

पता नहीं कब और कैसे
जीवन के व्याकरण में
हम बन जाते हैं संज्ञा से सर्वनाम
और पुकारने लगे लोग
अरे! ओ बुड्ढे, अरी! ओ बुड्ढी
सम्भवतः ऐसा तब होता है
जब हम हार चुके होते हैं
जीवन की कबड्डी।

अकेला वरिष्ठ नागरिक

महानगरों की अट्टालिकाओं के दड़बे में
पंख फड़फड़ाते वरिष्ठ नागरिक
आये दिन होते रहते हैं नृशंस हत्यारों के शिकार
चूँकि उन्हें स्नेह–सुरक्षा देने वाला नहीं होता
हाय रे एकल परिवार!
पता नहीं कौन जाने कौन कब बन जाये
किसी हादसे का शिकार।
सूनापन और अकेलापन
जो कर रहा है हर वरिष्ठ नागरिक का इन्तज़ार!

एक बूढ़ा गोद ले लें

पालिये एक नया शगल
यदि बेसहारे बूढ़े–बूढ़ी दिख जायें अगल–बग़ल
निकालकर रूमाल
पोंछिये उनके गाल
पूछिए उनका हाल–चाल
सहलायें उनके बाल
थपथपायें उनके गाल
मान्यवर, बहुत पाल चुके जानवर,
अब पालें वृद्धजन
जो अपना घर रहते हुए भी हो चुके हों बेघर?
जिनकी गोद में हम पले–बढ़े
जीवन की शुरुआती सीढ़ियाँ चढ़े।
गिरे–पड़े, हुए खड़े।

कनवेयर बेल्ट पर

हर वृद्ध होता है
हवाई अड्डे की कनवेयर बेल्ट पर पड़े
छूटे हुए सामान की तरह
चक्कर काटता हुआ
चलायमान
जब तक कि कोई हवाई यात्री
आकर नहीं कर लेता
उसकी पहचान।

पीड़ाओं की पाण्डुलिपि

भला यह बात किससे छिपी है
कि अधिकतर बुढ़ापा
पीड़ाओं की पाण्डुलिपि है,
इस अवधि में
चिन्ताओं की शरशैया पर लेटना पड़ता है
हर भीष्म पितामह को
बस टुकुर–टुकुर देखना पड़ता है
जो भी घटता रहा है अगल–बग़ल।

काउण्ट डाउन

प्राण–पखेरू के उड़ने के पहले
बुढ़ापे के लांचिग पैड पर
हर जीव की
चलती रहती है उल्टी गिनती
सैया, निन्यानबे, अठानबे, सत्तानबे,
जिसे हम कहते हैं जीना
वह होता है
हर क्षण मरना
हर क्षण जीना
अतः इसके विषय में हर पल सोच–सोच
क्यों अपना माथा ख़राब करना।

ऐश ट्रे

बुढ़ापा है ऐश ट्रे में पड़ी
धुआँती सिगरेट के टुकड़े के समान
यदि जीने का हौसला
हो आपमें
तो इस धुआँती सिगरेट जैसी ज़िन्दगी को
ऐश ट्रे से उठाइये
और इसमें फिर–फिर कश लगाइये
रुक–रुककर हवा में छल्ले बनाइये।
मुस्कुराते हुए जीवन को कहिए अलविदा!

चितवन का ऑपरेशन

जब एक बूढ़े नेत्र सर्जन को
कजरारी आँखों वाली मृगनयनी का
करना पड़ गया नेत्र–शिविर में
चितवन का ऑपरेशन
तो कैसा हो गया उनका मन
हाय रे जीवन का चौथापन!
अचानक याद आ गया दोनों को
अपने मेडिकल कॉलेज का जीवन।

जीवन–यात्रीगण ध्यान दें

जब मृत्यु के हवाई अड्डे पर उतरने ही वाला हो
आपका जीवन–यान
तो यात्रीगण
अपने–अपने मन की इच्छाओं की पेटी बाँध लें
ताकि विमान पत्तन में न पड़े कोई व्यवधान
काट डालें संसार से जोड़ने वाले सारे सम्पर्क–सूत्र
जैसे मोबाइल, लैपटॉप एवं अन्य सामान
ताकि विमान पत्तन हो सके आसान।
शुभ हो आपके परलोक की यात्रा, श्रीमान!

अँधेरे के विरुद्ध

बुढ़ापे में हम अन्त–अन्त तक लड़ते रहेंगे
वार्द्धक्य के अँधेरे के विरुद्ध
नहीं मानेंगे हार,
बीच मँझधार
थामे रहेंगे हौसले की पतवार
जब तक कि हम नहीं उतर जाते
बुढ़ापे के उस पार।

जीवन का सारांश

यदि यौवन है
जवानीरूपी शोध–प्रबन्ध की प्रस्तावना
तो वार्द्धक्य है उसका उपसंहार
कुछ ऐसा ही है शोधार्थियों का मानना
इसलिए हमें जीवन के गम्भीर अध्येताओं से
हरदम रहेगी यह अपेक्षा
कि वे जीवन के इस महत्त्वपूर्ण काल–खण्ड की
न करें उपेक्षा,
और बूढ़े यह मानकर न हों उदास
कि जवानी जिनके–जिनके पास
जगाना उनका–उनका दास।

यमराज जी

यमराज जी, यमराज जी!
हम कबसे आपके संग चलने के वास्ते
बैठे हैं बिल्कुल तैयार जी,
यमराज जी, यमराज जी!
आप मुझे क्यों हैं नाराज जी
चाय, कॉफी कुछ लेंगे
तब तक हम जूता–मोज़ा पहन लेंगे
कहाँ है आपका भैंसा–कार
हम फ़ौरन उस पर कूदकर
जाने को हो जायेंगे तैयार,
आगे अब जीने का नहीं रहा
कोई विचार,
अब और नहीं रहा
जीवन घसीटने का विचार!
यमराज जी, यमराज जी!
हम फटाफट चलने के लिए हैं तैयार
जीवन की फटी चदरिया
हो चुकी है बिल्कुल तार–तार।

कुछ समझे बरख़ुदार

जब टूट जायें
घर–परिवार के विषय में सारे भरम
तो किसी आधुनिक गृहस्थाश्रम में भर्ती हो जाने में
कैसी लाज–शरम,
जहाँ अपने जैसों का संग
भर देगा जीवन में नया रंग
जिसे देखकर
पुराने परिवार वाले
देखकर रह जायेंगे दंग
जहाँ मिले सेवा–सत्कार, प्यार–दुलार
वहीं बन जाता आपका घर–परिवार
आज न कल हमें
इन आधुनिक वृद्धाश्रमों को
हँस–रोकर करना ही पड़ेगा स्वीकार
आख़िर वृद्धजन कब तक झेलते रहेंगे तिरस्कार
कुछ समझे बरख़ुरदार!

एक बुझे हुए बुज़ुर्ग की प्रार्थना

हे प्रभो!
जल्दी कीजिए
मेरा क़िस्सा ख़त्म
कैसा तो लगता है सुनने में
जब कोई सिर पर हाथ फिराकर कहता है
जीवेत शरदः शतम।
टूट चुके हैं जो
बुज़ुर्ग होने के सारे भरम।

□□